Arab castels in Spain

Chateaux árabes en L´Espagne

Arabische Burgen in Spanien

Desde aquí quiero mostrar mi agradecimiento al equipo de KDP y a Amazon, por la ayuda prestada en la edición de esta humilde obra.

El autor.

Castillos árabes en España.

No queda ni uno entero

(Redescubriendo la Historia)

"En España casi todos los castillos son de origen árabe"

Por supuesto que no, pero esa es la impresión que tiene cualquier lector que se adentre en la supuesta magia, exotismo, atracción peliculera, etc., de las construcciones de época "medieval" que conocemos como castillos.

Y esa sensación tan distorsionada de "árabe" se trasmite de forma inconsciente y generalista, a todos los medios del país.

Y la falsa y manipulada sensación, sigue expandiéndose a todos los periódicos, oficinas de Turismo de cualquier pueblo, o ciudad, a todas las televisiones de carácter local, a todas las de cobertura nacional, a la web de Wikipedia, a los carteles de indicación en las carreteras y caminos, etc., etc.

Y así la "bola" de exageraciones, datos no confirmados, etc., y el aval que representa cualquier entidad Oficial, ya sea un pequeñísimo Ayuntamiento de unos 200 habitantes, o un libro subvencionado por cualquier sindicato, Partido Político, Instituto, Universidad, Fundación, etc., se va haciendo más grande como si fuera una avalancha de nieve.

Y el llamado engaño o más bien, desinformación, que es deducida sin fundamento ni base documental o científica, se enquista en la mente de una mayoría de gentes, que luego en su círculo de amistades y familiares, se empecinarán en tener la razón por que lo han leído en la Wikipedia, en la Tele, o en la página de información turística de cualquier Ayuntamiento.

Con mucha pena y pesar, pero como garantía de lo que se está insinuando, hay un dato que es muy significativo y es este:

Las Universidades españolas parecen enquistadas en los conocimientos y técnicas que les llegan de otros países. No destacando ninguna, entre las ciento cincuenta primeras del mundo, por sus avances científicos ni por estar a la vanguardia en cuestiones históricas o de investigación en arqueología, u otras disciplinas.   Aunque hay que ser justos y reconocer que estas valoraciones son de muy difícil calificación, con los baremos de ambigua aplicación y de intrincada justificación.   Los comentarios que se publican en los medios, se hacen por autores y especialistas a los que se les atribuyen muchos conocimientos, pero que en cuestiones de Historia conviene ser muy prudentes, salvo que se quiera caer en errores o verdades a medias, que luego cuesta mucho rectificar o enmendar.

          Estas faltas de rigor se observan muy claramente en las descripciones o exaltaciones de los llamados "castillos árabes"

"Los tontos andan presurosos, donde los ángeles temen pisar"

John White, en <<La experiencia mística>>

Capítulo 1

Bases para el análisis y la explicación de lo que se ha leído en las páginas anteriores.

Características típicas de las construcciones que nos atañen, como son las de origen árabe y las llamadas "Medievales" por una multitud de autores que son muy imprudentes al afirmar ciertas cosas en los medios de comunicación, sin la suficiente documentación.

Primero, sepamos o intentemos saber, lo que se acepta por la mayoría el concepto de lo que es un castillo, y la imagen que nos inculcan desde los medios de comunicación.

Segundo, ¿Qué es eso de, medieval?

Cuando le digan u oigan el término "medieval", deben desconfiar del medio o persona que lo emita, y estar muy atento a lo que sigue, después de esa palabra.

Pues hay que tener muy claro, que, medieval, es que pertenece o se engloba en la llamada por los historiadores de todo el mundo como "Edad Media". Que es una parte o época de clasificación de la Historia, para separar o estudiar de forma más personalizada y sobre todo de forma global, el recorrido del hombre y sus hazañas en el mundo actual.

Actual es un decir, pues es más complejo que parece, aunque, para resumir, se pueden distinguir cuatro fases o "Edades", a saber:

1. Edad Antigua, comprende un periodo muy ambiguo, relativo, que puede abarcar desde el 4000 antes de Cristo, en el calendario europeo moderno, hasta el 476, más o menos, con la caída de Roma. (A discutir, y ampliar por parte del lector)

2. Edad Media, o medieval, desde el 400 hasta el 1453 con la conquista de Bizancio por los turcos otomanos. (En España se prefiere el año del descubrimiento de América, y toma de Granada, el 1492.

3. Edad Moderna, desde el fin de la medieval, hasta el 1789, con la Revolución Francesa.

4. Edad Contemporánea, desde el 1789 hasta hoy.

Todo este recordatorio, es para tener en cuenta que, la Medieval es la más larga de las épocas históricas, unos 1090 años. Puesto que la Antigua se subdivide en muchas. Y sobre todo de muchas alternativas mundiales y totalmente distintas o diferenciadas.

Y ahora veamos el concepto o definición de **Castillo**:

En español, tiene varias acepciones, una de ellas describe a un edificio o conjunto de ellos, rodeados de murallas, o fosos y otras obras de fortificación, y que suele estar construido en un lugar elevado y estratégicamente situado para situaciones de peligro del dueño o constructor.

Hoy en día se conoce también como la parte de la cubierta alta de un buque entre el palo trinquete y la proa.

Antiguamente, se llamaba a la máquina de guerra en forma de torre de madera o de fibras que se colocaba sobre elefantes.

Su origen parece situarse en el latín del Imperio Romano, de la palabra **Castellum-Castelli,**

(En los diccionarios y universidades, se pone Castellum-i, pero el 97% de los lectores, no tienen ni idea de lo que puede ser)

Que significaba fortín, reducto, fortaleza, y figuradamente madriguera, guarida, etc. También se aplicaba a una aldea o villa en las montañas, colinas o lugares altos.

Castillo, en francés lo llaman *Chateaux*, y ellos le dan un significado mucho más amplio, del que solemos darle en España. Por lo menos a nivel popular, que es alrededor del 90% de la gente.

A partir de aquí, veamos:

1. Cómo construían los árabes, en Hispania. (España y Portugal).

2. Cómo lo hacían los cristianos hispanos. Con la ayuda de los francos, y sus aliados.

3. Épocas y años de las construcciones más típicas de estas dos regiones o países.

El punto 1. La forma de construir de los llamados árabes, (Llamados así, por que se aceptaba que todos provenían de la Arabia Saudí) aunque sus ejércitos, lo formaban tropas procedentes de todos los lugares y territorios que conquistaban.

Es decir, podían ser originarios de Egipto, Siria, Jordania, Libia, Túnez, Argelia, Marruecos, etc., etc., y aprendían y absorbían las técnicas constructivas de los pueblos conquistados o rendidos.

Estas formas, se pueden dividir en dos formas: Una era la privada, es decir aquella obra o construcción que cada familia o pareja de esposos se construyen para vivir y tener una casa segura y más o menos cómoda, para ellos y sus ascendientes y descendientes.

En la construcción de viviendas, los materiales son muy sencillos, comunes y vulgares. Se utiliza casi cualquier tipo de piedras de las cercanías, y de un tamaño o volumen tirando a pequeño, unidas con una mezcla de cal y arena, de muy distintas calidades. En general pobres.

Conscientes de la poca consistencia de estos materiales, las paredes se recubren con una capa de yeso, que da fuerza al conjunto y evita su degradación por el sol, la dilatación y contracción, etc., y sobre todo por la lluvia y el hielo.

Esta pobreza de las construcciones, parece que proviene de las regiones desérticas de los primeros conquistadores árabes. Y también de las costumbres de sus mercenarios y colaboradores de conquista, que podían proceder desde el Este de Turquía, por la región de los antiguos hititas, Siria, Jordania, etc., hasta las más cercanas a la península Ibérica.

La élite guerrera y espiritual de las tropas musulmanas, siempre procedían de la actual Arabia. Y el grueso de las tropas a su mando, eran de muy diversas regiones.

Y debido a la austeridad, falta de costumbre en la construcción y formación técnica en arquitectura de las tropas que llegan en el año 711 a la conquista de Hispania, es de suponer que pasan a vivir en las moradas de los conquistados ibéricos. Con sus numerosos matices y particularidades, pues es característico de las conquistas árabes, el que, si los pueblos y gentes que se cruzaban en su afán conquistador, se rendían y pagaban un pequeño tributo, se respetarían los acuerdos a los que llegaban y las propiedades, las vidas y la profesión de fe de los conquistados, seguirían con la misma normalidad que hasta entonces. En caso contrario, la guerra conllevaba muertes y saqueos.

En las construcciones públicas, una vez que se hubo asentado y consolidado el dominio de los árabes, y distribuido el reparto de bienes y poderes entre la nueva élite gobernadora, dado que las condiciones bélicas y religiosas de la Hispania conquistada debían adaptarse a las nuevas fronteras y a los peligros del empuje carolingio, comienza la etapa constructiva típica de los musulmanes en España.

Su característica más notable y representativa es el llamado **"Tapial"**.

Básicamente, este tipo de técnica parte de un encofrado de distinto ancho, que se va rellenando de una mezcla de grava, piedras menudas y un compuesto de agua y cal, que una vez fraguado y seco, las paredes exteriores de este encofrado, se cubría con una capa de buen yeso de alrededor de 1,5 centímetros.

El origen del tapial es desconocido, aunque ya los romanos utilizaban algo parecido para construir murallas. Primero formaban unos muros paralelos de piedras con cierto ancho, que iban rellenando con los materiales de desecho y arcillas o arenas.   Y antes, en la antigua India, también se obra en forma de tierra apisonada.   Otra gran referencia la encontramos en la famosa Muralla China. En los miles de kilómetros de esta gigantesca obra, que está compuesta de varios tramos y construidos en distintas épocas, quizás unos trescientos kilómetros de uno de estos restos que quedan de muralla, se han realizado con arcilla apisonada y paja de arroz, reforzada a intervalos de unos 50 centímetros, con paquetes de cañas o fibras parecidas.

Los últimos estudios del gobierno chino, amplían los kilómetros de esta Gran Muralla a unos 21 000. Y las distintas murallas o partes de ésta, se elevan a unas 40.

Increíble.

Aunque es muy difícil determinar con exactitud la época de su construcción, quizás sea del siglo XII o del XIII. Justo la época en que parece que se extiende el tapial por España.

(En la fundación de la Murcia musulmana en el año 825 o 835, ya parece que se amuralla la nueva ciudad con tapial. Pero su datación exacta es muy complicada)

El **tapial** es la característica más representativa de los constructores hispano musulmanes para la construcción rápida y barata de castillos y fortificaciones, pero para la fortaleza y durabilidad de algo más espiritual como eran las torres de las mezquitas, parece que se empezó a utilizar el ladrillo hacia el siglo X, como material más digno y duradero. (Aunque queda pendiente de nuevos estudios)

Es digno de estudio y admiración, el que todavía hasta hace unos 100 años, se realizaban con tapial numerosos muros de las viviendas en la comunidad de Castilla La Mancha y Castilla León. Y algunas zonas de Extremadura.

También se pueden observar, en buen estado de conservación, bastantes palomares, expresamente construidos para la cría y explotación de las palomas.

1. Aparte del llamado tapial de materiales compactados por el hombre (O encofrado), otra de las características, es la:

2. Ausencia de líneas curvas en los muros de los castillos o alcazabas.

3. Todas las murallas son de líneas rectas, incluso las torres se delimitan con lienzos y muros rectilíneos. El ejemplo paradigmático se puede apreciar en la jiennense localidad de Baños de la Encina. Auténtica joya, por su sencillez, estilo, esbeltez, etc., y durabilidad.

4. Otro dato típico de los arquitectos o constructores hispanos de la época árabe, es la falta de la "Torre del Homenaje".

Puesto que la estructura del gobierno musulmán ibérico, no contemplaba la ceremonia de declaración y juramento de fidelidad de los vasallos o caballeros a su jefe, o señor feudal, o rey.

Esta torre es lo que caracteriza a las construcciones de tipo franco que reconquistan la Hispania de los siglos X al XV. En los siglos IX y X en, en Navarra y Huesca, que es donde se empiezan a construir fortalezas defensivas básicamente, como en Olite, Loarre, etc., todavía no aparecen las torres del Homenaje, y parece que empiezan a edificarse a partir del siglo XII, en Hispania, aunque el referente pueda situarse en el poder y riqueza que habían conseguido los nobles y el clero, en tiempos del Imperio Carolingio. Alrededor del siglo IX o X.

Y veamos la otra gran protagonista de la construcción hispana, como es la llamada carolingia, que deviene en la románica y luego se completa y perfecciona en la normanda.

Capítulo 2

La influencia arquitectónica carolingia, la románica y la normanda.

La arquitectura carolingia se denomina al estilo del reino franco, bajo la dinastía de los carolingios, que fue fundada por Pipino el Breve alrededor del año 751.

Pipino era hijo de Carlos Martel y padre del emperador Carlomagno.

Su cargo o función era el de "Mayordomo" de palacio de los francos, y ante la debilidad de los reyes y príncipes y sus gobiernos, se declaró primer rey del reino de los francos.

Su hijo el gran Carlomagno, conquistó una gran parte de la Europa Occidental: toda Francia, parte de Inglaterra, norte de Italia, control de la llamada Marca Hispánica desde el Ebro hacia Francia, parte de Alemania, Suiza, Austria, Bélgica, etc. Carlomagno fijó su residencial imperial en Aquisgrán, en el departamento de Colonia en Alemania. Impuso el latín medieval como escritura común a todo su imperio, fomentó el desarrollo artístico, literario, jurídico, etc. y lógicamente la construcción de los nuevos edificios oficiales, religiosos, civiles, etc. Entre los años 768-855 hay un renacimiento en la construcción de catedrales y monasterios, y también de residencias reales. Parece ser que los escritos y tratados del arquitecto Vitruvio, de la época del Imperio Romano, impulsaron otra vez las construcciones con piedra cortada. Algo que no era muy común al norte del río Loira.

(Marcus Vitruvius Pollio, fue un arquitecto que murió en el 15 a. de C. Es autor del único tratado que se conserva sobre técnicas de construcción, materiales, maquinas, mecánica, colores y más. Es referente único para conocer la construcción de los antiguos romanos)

Recordemos que, por esas fechas, en Hispania (España y Portugal) no se usa apenas la piedra tallada, tan sólo se aprovechan las ruinas de las antiguas villas, basílicas, santuarios, etc., de los romanos.

Desde que comienzan las invasiones de los llamados bárbaros, (francos y alamanes) allá por el 262 de nuestra era, se paraliza la construcción en toda Hispania. Todas las ciudades y pueblos medianos, se abandonan y las gentes se refugian en el medio rural. En un ambiente aislado y de autosuficiencia. Hoy día lo definiríamos como "Sostenible"

Se ralentiza la producción minera, el comercio con Roma prácticamente desaparece y con éste, la producción del trigo tan básico para el alimento de la gran capital que es Roma, y otros cereales.

Los puertos de mar se desatienden. Etc., etc.

Un ambiente social y económico que se mantiene prácticamente desde el año 270, con la segunda invasión de francos y alamanes, hasta el 711 con la invasión de los musulmanes.

Unos 400 años, casi sin edificar. Salvo unas pocas iglesias visigodas, alguna ciudad de cierta entidad como Recópolis en Guadalajara, en el año 578, y poco más. Hay que recordar que las tribus visigodas, engloban a todos los guerreros, pero también a sus mujeres, hijos, padres y demás familiares. Y no se mezclan con los hispanos hasta quizás el siglo VI o VII, ya con los árabes a las puertas de Gibraltar. Y a todo esto, peleándose sin parar entre ellos, en una guerra civil continua, desde que llegan a mediados del siglo V.

Sólo la gran expansión de los carolingios, con Carlomagno como centro impulsor y la vuelta a la tradición de Roma, con sus increíbles avances o recopilaciones de otros pueblos, devolverán a la piedra su esplendor, dureza, persistencia en el tiempo, belleza, etc.

Aparecen más significativos los cruceros en las iglesias, que habían nacido en las basílicas paleocristianas, proliferan los ábsides contiguos, nacen los arcos perpiaños, el crucero también se alumbra con una torre linterna, las piedras con las que se construyen los llamados "Sillares" se trabajan con mejor estilo, perfección, corte, dureza, terminación, etc.

Los normandos (Hombres del Norte) destacan por sus castillos y edificaciones defensivas, a la vez que en la obra religiosa o civil.

Procedían de Dinamarca y Escandinavia, y se asentaron con permiso del gobernador que, luego será rey de la antigua Francia, en el creado para ellos Ducado de Normandía. Y se hicieron maestros en la talla de rocas y mármoles, y en el diseño de fortalezas. Su influencia se extiende por toda Inglaterra, Francia, España y Portugal, Italia, y las regiones de las cruzadas.

Se llega paulatinamente al estilo que puede nombrarse como "Normando", y se extiende por Inglaterra, al ser invadida por Guillermo duque de Normandía y declararse rey de Inglaterra, llenando toda la isla de fortificaciones y castillos, para asentar su dominio y su gobierno.

Después se consolida en Francia, España, Portugal, etc., llegando hasta Tierra Santa en Israel, Líbano, etc.

El **matacán** es de lo más característico en lo alto de las murallas de los castillos en Hispania, sobre todo a partir del siglo XIII. Con el paso de los años, las fortificaciones se hacen de un estilo más castellanizado y acorde con las necesidades de los monarcas y nobleza aragonesa y castellana.

El matacán era una especie de caja que sobresalía en lo alto de los muros en los catillos y fortalezas. Al principio parece que se construyen en madera y estaban cubiertos con un tejado que protege a los defensores del castillo de sus sitiadores.   Parece que tuvo un gran éxito en su función defensora, por lo que los normandos se hicieron especialistas en su adaptación y construcción, sobre todo en su conquista de las Islas Británicas en el 1066, y luego se expandió a Tierra Santa durante las Cruzadas, y en España, Italia, etc.

Era una especie de balcón cubierto, desde el que se podían lanzar piedras y otros materiales defensivos, flechas, etc.

Se construye sobre puertas o lugares que se consideran débiles de los muros, aunque su uso en España se va diluyendo por lo caro que era, y la estabilidad que proporciona la Reconquista en su avance hacia la Granada nazarí y lo poco que quedaba de la antigua Al Andalus.

Lo típico de los matacanes, era su apoyo sobre ménsulas festoneadas, o contrafuertes algo primitivos. Aunque también en Francia se realizan sobre arcos.   Las ménsulas eran las más elaboradas y constituían un gran esfuerzo y arte en el tallado de piedras, que debían ser muy duras.

Ménsula en arquitectura se considera a cualquier elemento estructural en voladizo, es decir, que sobresale del muro o pared donde se instala.

Proviene del latín *"Mensula"* y viene a significar "Mesa pequeña".   Y las hay cortas y largas y las variedades pueden ser en volutas, enrasada, plana, inclinada, mocheta, modillón, etc.

En Hispania, con el paso de los años y el triunfo del avance cristiano sobre los musulmanes, los adornos en los muros, los matacanes, ménsulas y otros trucos defensivos se van suavizando hasta llegar a desaparecer, hacia el siglo XIV.

En el análisis de los castillos de las provincias y regiones siguientes, se observa muy claramente cuales tienen un claro origen musulmán y cuales no lo son en absoluto.

Y las razones por las que hipotéticamente, en unos lugares existen muchos más castillos de origen árabe y en otros no existe ninguno, nos puede dar una idea de los avatares históricos por los que pasó la Hispania de los siglos IX al XV.

Capítulo 3

Cataluña.

La conocida como Reconquista, en Hispania, aparece tan temprano como en el siglo IX.

En Gerona provincia existen registrados unos 72 castillos o restos de murallas. La mayoría son de finales del siglo XIII y del XIV, por las discordias entre los reyes de Aragón, como Jaime II y los distintos Condes que gobernaban los territorios antiguos de la llamada Marca Hispánica.

No hay ninguno de origen árabe, y casi todos son residencias familiares fortificadas, o castillos de pequeño tamaño, de los señores feudales, condes, etc.

Los musulmanes se habían retirado de Francia por el empuje de los francos y el emperador Carlo Magno creó y mantuvo la Marca Hispánica como una frontera que separaba a Hispania de la que luego se convierte en Francia.

En Barcelona, hay unos 155, contando algunas torres, y fortificaciones varias.

Tampoco existen castillos árabes.

Algunos están documentados desde el siglo X, hacia el 983, pero casi todos concuerdan con las características de los de Gerona, es decir, o ruinas de las que tan sólo quedan algunos restos de murallas, o son la residencia de señores o de la baja aristocracia o grandes masías fortificadas.

En Tarragona, sólo aparecen unos 18, posiblemente por que el río Ebro ya formaba la línea de frontera que separaba a los musulmanes hispanos de los cristianos francos.

Las fronteras de todo el mundo se han caracterizado por ser zonas de mucho conflicto y estar despobladas.

Entre estos 18, los hay íberos, ruinas, algunos desaparecidos, adjudicaciones a los famosos Templarios, etc.

Pero ninguno árabe.

En Lérida, unos 62, entre recintos, ruinas y fortificaciones varias.

Los hay desde los que casi seguro tienen unos cimientos romanos, otro como el de Formós, le adjudican un origen de recinto árabe, pero que es una maraña de piedras y argamasa, imposible de discernir su origen, por las numerosas reconstrucciones que ha sufrido el pobre.

En todos y todas las obras se pueden apreciar la sencillez de construcción, sus sillares de buena piedra, y la paz que se respiraba, o sea que estaban libres de ataques.   Recordemos que, en los siglos VIII hasta el XIV, Cataluña estaba prácticamente despoblada, y sin recursos.

Nada comparable a la situación de bonanza de la actualidad.

Puede decirse que no hay ninguna construcción árabe.

Capítulo 4

Aragón.

(Huesca, Zaragoza y Teruel)

En Huesca es donde se puede decir que empieza la verdadera Reconquista. Ya que la ayuda prestada (Muy interesada) por los pobladores de la antigua Francia se empieza a notar y entra por los Pirineos, por los pasos de Somport que lleva a la actual Jaca, San Martín en el Valle del Roncal de Navarra, El Portalet en Sallent de Gállego, paso de Bielsa y que lleva a Ainsa, Valle de Ansó, etc.

En esta provincia hay unos 45 castillos y fortalezas, pero tan sólo pueden considerarse las poquísimas muestras que quedan y dentro de una incógnita y desconocimiento total respecto a sus medidas y objetivos.

En Bolea, parece que queda un lienzo de muralla de tapial, que sirve de contención a construcciones posteriores. Necesita más investigación.

En Zaragoza, es muy famoso su palacio capitolino, pero las dudas surgen por doquier.

Esta provincia tiene unos 157 castillos, torres, etc. Una verdadera caja de los tesoros artísticos y constructivos de toda España.

Los 10 primeros en esta lista, no existen como tales, tan sólo por referencias en escritos y documentos.

Veamos el castillo de Alhama de Aragón, del que quedan unos muros *"Construidos en sillería bien trabajada"*

O sea que, a pesar del nombre, Alhama, que cualquiera lo puede asignar que sea de origen árabe, se puede leer que es de sillería, cosa que, elimina cualquier intervención de trasfondo constructivo árabe.

Y recordemos que, alguien ha escrito que Alhama, significa en árabe medieval: *"aguas calientes o baños"*

Y entonces surgen las cuestiones:

¿Por qué existe el río Alhama en la Rioja? No tiene fama de ser caliente.   ¿Por qué el río Mula en Murcia, que nace caliente y sulfuroso, no se conoce como Alhama?

¿Por qué existen también Alhama de Murcia, Alhama de Almería y Alhama de Granada?

En la de Murcia, no existe río.

En la de Almería, en La Alpujarra, el río Andarax es de aguas muy frías.   En Granada, parece que sí.

En la de Aragón, provincia de Guadalajara, el río Jalón si aporta aguas templadas. (Cuantas cuestiones quedan por aclarar y documentar)

Si se refiere el nombre, a los baños de origen romano, es muy dudoso esta aplicación, pues la moral de los musulmanes y su guía espiritual, se mostraba muy reacio a las relaciones sociales en ambientes "raros".

Y los edificios de origen romano de las termas, cuando llegan los árabes en el 711 y se afianzan en Hispania, ya llevaban abandonados más de 300 años. Un tiempo suficiente para que sus piedras fueran aprovechadas para otras construcciones. Pendiente de estudio.

El castillo de La Almolda, dicen que conserva unos 6 metros de tapial con piedras irregulares.

Si es tapial, no está construido o hecho con piedras irregulares. Si el concepto que tenemos de "Piedras" se ajusta a lo admitido en las Universidades.

El de Arándiga, dicen que es de *"Tapial y mampostería"* cosa contraproducente y muy arriesgada. Lo que parece, es que sea de construcción franca y aragonesa, pero realizado con algo de prisas por obreros musulmanes. Pendiente de estudio.

El de Ateca, esta tan reformado que es imposible determinar nada.

El de Ayyubb, es tan tentador decir que es árabe, como estúpido es, no asignarle un origen tan claro como cristiano y franco.

¿A quién se le ocurre semejante adjudicación a lo árabe? Si es franco total.

Castillo de Belmonte de Gracián, totalmente franco cristiano.

Todo lo que se apuntaba al principio con tono de fina ironía, de que "Todos los castillos son de origen árabe" se refleja en los de la provincia de Zaragoza, de forma ejemplar. Pues toda la asignación a lo árabe, se realiza sin base ni documentación. Puesto que prácticamente, no existen documentos que recojan las fechas de construcción de las fortalezas árabes, excepto contadísimos ejemplos.

En el de Cadrete, quizás queden algún tramo de tapial, pero en total ruina y con su torre de origen desconocido.

En Daroca, hay una mezcla de estilos constructivos, de los que algunos lienzos de muralla, se pueden considerar tapial, aunque parecen de factura más moderna. Pendiente de estudio, dentro de la mezcla de reconstrucciones que tiene este lugar.

En Morata de Jiloca, se pueden admirar los restos amontonados de verdadero tapial árabe. Una lástima que sólo son montones de aglomerado. Es decir, que no se ha cuidado lo más mínimo el patrimonio hispano.

En Torre de San de Cristóbal, de Daroca, se conserva un lienzo de unos 5 metros de tapial.

Y la famosa Aljafería, de la capital zaragozana.

Las famosas torres de piedra bien labrada y mejor mantenida. De forma redondeada, caso único en toda la Hispania, si fuera árabe o tuviera visos de que todo el conjunto es obra de los arquitectos hispano musulmanes.

Que, junto a la propuesta de su nombre, resulta cuando menos imprudente o algo peor. Analicen lo que se puede ver en la Wikipedia:

"Deriva del prenombre de Al Muqtadir Abú Ya'far.

Y de Ya'far = Al Yafariyya = Aliafaria = Aljafería."

Increíble.

En este desarrollo, se puede llegar a infinitas posibilidades, saltándose todos los restos arqueológicos, documentales, etc., etc.

La homonimia, homofonía, y todos los parecidos fonéticos, y todo lo que hay que cuadrar, para que el nombre salga, no debe ser de aplicación. Pues por lo general, se cometen errores, y como decía antes, después no hay quien lo rectifique, y menos en España, que no se caracteriza por ser un país de lectores.

La moraleja o lectura final de este somero análisis, es que, en la provincia de Zaragoza, salvo en la gran capital de esa época, no existen castillos árabes de cierta entidad.

Veamos ahora los de la provincia de Teruel.

Se pueden considerar unos 42 castillos o fortificaciones, aunque como en todos los registros, algunos tan sólo serán unos cortos cimientos o tal vez el nombre que aparece en algún documento. Y del que físicamente no queda absolutamente nada.

En orden alfabético el primero es el de Aliaga:

"Del siglo XII y de origen musulmán"

Cuando se aprecia muy claramente y sin ninguna clase de dudas, que está construido con los llamados **sillares** de piedra. Típicos de la obra primitiva cristiana de la Reconquista.

Castillo de Camañas, obra mínima y rarísima, de la que conserva una torre maciza, que parece un tapial casero y con un fin constructivo indescifrable. De momento.

Castellote, de sillería.

En total, ningún resto de lo árabe.

Así que, si no existe ningún resto apreciable de fortificación, hisn, castillo, etc., ¿Cómo va a quedar el nombre de los pueblos en árabe?

¿Teruel es nombre árabe?

¿Val de Linares es nombre árabe?

¿Daroca?

¿Griégos?

¿Ojos negros?

¿Cella?

¿Bello?

¿Torrelacárcel?

¿Villafranca?

¿Villarquemado?

¿Monreal del Campo?

¿Torremocha?

¿Moscardón?

Valdemeca?

¿Valdecuenca?

¿Laguna del marquesado?

¿Calomarde?

Etc., etc.

Capítulo 5

Navarra

De los 16 que pueden estudiarse, ninguno tiene asomo de arabismo, es cosa normal, puesto que después de las invasiones de los francos aliados con los alamanes, hacia el año 270, Navarra al igual que toda la Hispania romana, queda despoblada y la única ciudad de cierta entidad como Pamplona, y los componentes de esta sociedad se refugian en el agro, en el campo y montes, en una vida de pura subsistencia. Todos los pueblos o agrupaciones de casas se abandonan ante la fiereza de los invasores.

Después, siguen llegando oleadas de bárbaros.

La anarquía por falta del orden romano, se apodera de todo.

Los suevos, alanos y vándalos, siguen destrozando toda la estructura social, económica, política, etc.

Después llegan los godos, que en España los conocemos como visigodos. En Italia ostrogodos.

Así hasta el 711, que entran los invasores de origen árabe.

El castillo y alcazaba de Tudela, parece que sí lo era, pero no ha quedado nada.

Capítulo 6

País Vasco, Cantabria y Asturias

En el País Vasco, y sus tres provincias administrativas, Álava, Vizcaya y Guipúzcoa.

Álava tiene tan sólo unos 10, entre ruinas y torres, puesto que hacia el siglo X, era tan débil, que no tenía nada que oponer a las poderosas tropas del Reino franco de Navarra y luego frente al gigante Reino de Castilla.

Guipúzcoa tenía tan sólo 3, sobran los comentarios.

Y Vizcaya, 16. Torres defensivas de los señores feudales.

Árabe nada.

En Cantabria, apenas hay restos de fortificaciones.

Y por supuesto, de origen árabe, ninguno.

En Asturias, 8 restos de torres y pequeñas fortificaciones de los señores feudales.

Árabe nada.

Capítulo 7

Castillos de Galicia

En Coruña: 18 torres y otros castillos de época moderna.

En Lugo: 14 torres y pequeñas casas fortificadas.

En Orense: 7 igual que las anteriores.

En Pontevedra: 7, construcciones típicas del estilo normando.

Es decir, ni restos de construcciones árabes.

Capítulo 8

Castilla y León

(León, Zamora, Salamanca, Valladolid, Palencia, Ávila, Segovia y Soria)

En León, se pueden considerar 5 castillos, y ninguno es de origen árabe, pues se conservan suficientes torres y murallas como para apreciar su estilo, inconfundiblemente cristiano y de manufactura franca o muy parecida.

Es decir, de sillares de piedra bien labrada y del granito tan agradecido y tan duradero de la zona.

Zamora conserva unos 63 restos de castillos, muros, torres, puentes, etc., y ninguno es de origen árabe.

Hay que hacer notar que, desde la mitad norte de la Península Ibérica, incluido Portugal, ningún autor asigna orígenes a la ligera, y son lo suficientemente prudentes, como apara escribir que: "Parece", cuando no hay documentación suficiente.   Virtud esta de la humildad, que hay que agradecer, para no caer en la fácil deducción personal, subjetiva según los conocimientos de cada autor, y normalmente equivocada de los autores "Estrellas" de la parte de Aragón, Valencia, Murcia, Andalucía, etc., que todo lo remiten a un ambiguo y no contrastado "origen "árabe". Desde Madrid para abajo, hacia el sur, las asignaciones históricas suelen ser de pena. Ligeras de documentación, genéricas, y de invención personal.

Salamanca, aporta unos 14 castillos o parecidas fortificaciones, analizados:

El castillo del Buen Amor, parece que conserva el sótano del siglo XI. Pero estas bases son de piedra bien labrada, por lo que, de árabe, no tienen nada.

Los demás, son todos de piedra de sillería, bien labrada y característica obra de los francos.

Ninguna de origen árabe.

En Valladolid, unos 39 castillos, etc.

El de Foncastín, está construido con ladrillo que podría hacernos creer en un origen mudéjar o medio árabe, pero no, es del siglo XV documentado.

El de Montealegre de Campos, también se conoce como "Castillo de los Alburquerque" justo igual que en Murcia, por la huerta cercana a El palmar, donde todavía existe una iglesia llamada de los Alburquerques.

San Pedro de Latarce, conserva un largo lienzo de muro en tapial, de alrededor de 350 metros, que parece de la época de los árabes, pero su datación es casi imposible.   El resto son de claro origen franco. Normando pero muy simplificado en sus formas y detalles.

En Palencia, pueden considerarse para estudio, unos 13.

En Castrillo de Villavega, existe un trozo de muro, de difícil clasificación. Por su forma de construir, puede ser un encofrado de tipo romano, a lo pobre, o restos de otra obra quizás de hace 200 años.

¿Quién sabe?

El castillo de Palenzuela, si es de tapial, todavía se conserva una torre casi maciza, restos de un muro también en tapial y media torre también maciza en su base.   Su datación es un verdadero misterio.

Los restos árabes, no aparecen más.

En Ávila, son 17 los castillos y posibles fortalezas.

Si quedaba algún resto de origen árabe, debió de ser en la capital, pero con la importancia que tuvo en los siglos XIV y XV, la edificación de su larga muralla y demás, seguramente borró cualquier edificio hispano musulmán.

En Segovia, son 6 los castillos y muy grandes y bien edificados.

Todos son bastante modernos, y de "origen árabe" no queda nada.

El gran guerrero francés de la Borgoña, Raymund, al servicio del rey de León, repobló esta zona recién conquistada a los musulmanes, puso las bases para reforzar esta zona fronteriza.

Raymund, si no hubiera muerto tan joven en batalla, hubiera llegado a ser rey de León.

En Soria, los restos de Serón de Nágima, comprende murallas en tapial, aunque se encuentra casi deshecho. Una pena.

En el castillo de Vozmediano, se aprecian los muros de tapial aprovechados por los reconquistadores, para sujetar las torres redondas y cuadradas y mantener una fortaleza en esta zona de España. En el *Extremodouro*.

Situado en la frontera con Zaragoza y muy cerca de Navarra, parece haber sido un importante bastión para vigilar la frontera en el siglo XII.

Tuvo varias reformas en el tiempo, que hacen motivo de estudio su construcción.

Yanguas es parecido al anterior, sus encofrados independientes que conforman sus muros, son raros, por que imitan el tapial de tipo árabe de la época, pero los restos de su antemuralla evidencian una pobreza de materiales, y además con sillares que son típicos de los francos o de allende los Pirineos. Hay que ampliar los estudios sobre este castillo.

Capítulo 9

Castillos de Castilla La Mancha

En **Cuenca**, existen registrados unos 18 castillos y ruinas, pero no hay ninguno árabe.

El de Uclés, lo parece por lo basto en la construcción de sus muros, pero no lo es. Pues entre otras características, tiene la típica torre del Homenaje, herencia de los francos y normandos.

En **Albacete**, tan sólo se pueden analizar 9, y sólo el escondido en la sierra del sur oeste, lindando con la provincia de Jaén, el de Molinicos, mantiene un lienzo de muro y un trozo de torre de su pasado, en tapial. Es pequeño y muy pobre.

En **Guadalajara**, existen unos 37 castillos o fortificaciones.

Los dos primeros no existen ya, el Alcázar Real de Guadalajara le asignan origen árabe, pero tiene torres redondeadas, cosa harto imposible en la construcción árabe. Y lo eliminan de la lista.

El de Atienza lo hacen árabe y se atreven con la fecha de su construcción: siglos XI y XII, ¡Toma ya!

Un castillo de sillares de piedra, con sus ménsulas típicas de los francos y normandos, su torre del Homenaje, etc.

Y tardaron por lo menos 50 o 80 años en hacerlo, con lo pequeño que es. El de **Embid**, lo han restaurado, con el estilo del primero que pasó por allí. Mejor lo ve el lector, y que juzgue si se atreve.

El de Alhama de Aragón, tampoco tiene nada de morisco, ni árabe, ni nada.

Cuatro de estos 37, han desaparecido, y de los otros no hay ni restos de lo árabe.

En **Toledo**, 31 castillos, ruinas, etc.

En Casarrubios del Monte quedan los restos de su fuerte castillo, ya del siglo XIV y realizado con ladrillo, eterno material, que aguanta casi todo, excepto la estupidez humana.

El de Escalona, es grande y palaciego, pero tampoco ha aguantado la ignorancia y estupidez de los hombres.

El de Montalbán, parece algo, pero es sencillo y abandonado. Su nombre proviene del franco Mont-Alban (Monte blanco)

Ni rastro de construcción árabe.

Los arquitectos o maestros albañiles francos y normandos, no consideraban el tapial árabe, como fuerte o duradero, y por eso decidieron demoler casi todo lo árabe y construir con sillería, por lo menos en los dos primeros siglos de la llamada reconquista. Siglos XI y XII, básicamente.

En **Ciudad Real**, existen unos 14, que vamos a analizar muy rápidamente.

En Montiel, el castillo de la Estrella, conserva un trozo de muro de tapial.

En el resto de castillos, no hay nada árabe, por más que se lea que son de *"Origen islámico, o árabe"*

Por cierto, ¿Qué significa eso de islámico?

Capítulo 10

Madrid

En la Comunidad de Madrid, existen unos 17 castillos o restos de fortificaciones.

La Torre antigua de Alcalá de Henares, se le asigna una construcción árabe, pero sus restos comprenden muchas reparaciones y es muy difícil determinar si es árabe, gótico, modernista, etc.

El de Fuentidueña de Tajo, sí mantiene los muros de tapial estilo árabe, pero las adaptaciones varias que ha tenido, lo desvirtúan como fortaleza, pero algo se conserva. Y puede ser el ejemplo de lo que les pasó a muchos de los castillos árabes.

Algunos se intentan recuperar para ser otra vez operativos, pero el avance cristiano y la dejadez de su mantenimiento a lo largo de los tiempos, ha acabado con muchos.

Los demás no conservan nada de árabe.

Capítulo 11

Alicante, Castellón, Valencia,

Castillos árabes en Alicante

De los aproximadamente, 230 construcciones defensivas o de vigilancia, de la provincia de alicante, tan sólo unos 8 pueden considerarse que conservan algo de la construcción original hispano musulmana.

Villena, conserva un trozo de muralla de tapial.

Agost, otro lienzo de muralla árabe.

Cox, está muy reconstruido, no se aprecia bien. No lo he visto personalmente.

Pego, el castillo de Ambra, muy retocado por los conquistadores cristianos hacia el 1280, conserva algunos restos de tapial en las murallas y en la base o cimientos de la parte más alta de la fortificación.

Penella, en Cocentaina, bastante retocado y reforzado mucho después de su construcción, es pequeño, pero conserva su aire árabe. No confundir su esbelta torre con la del llamado del "Homenaje" típica de los cristianos.

Relleu, sí conserva rasgos árabes, pero se encuentra totalmente arruinado. Tárbena, parece, pero no es puro árabe.

La propuesta es que, se construyó después de su rendición, pero con técnicas de origen franco. Pero sin sillares de tipo piedra y de un estilo cristiano. (Pendiente de más estudio)

El de Forna, es muy parecido al anterior. Parece una construcción mixta. Cristiana, pero con técnicas árabes, humildes, sencillas y baratas.

Algofra, en Confrides, sólo mantiene un lienzo de muralla y con dudas.

Castillo del Río, en Aspe, sí es de origen árabe, pero tan sólo conserva el recinto amurallado.

Parece ser que, debido a la larga estabilidad o paz social, que se mantenía en el sur de Al Andalus, hasta aproximadamente el siglo XIII (Unos 500 años desde que llegan los musulmanes), las ciudades y pueblos de la mayor parte de esta zona, sólo conservaban los Hisn o recintos amurallados para los guerreros o escasas tropas de vigilancia.

Es posible que tuvieran una función parecida a la policial, jurídica o de fiscalidad, puesto que no se conservan edificaciones en el interior de ningún castillo, o lo que queda de ellos. También es muy posible que, después de su rendición o conquista, las tropas cristianas demolieran todo lo que pudiera servir para una posible rebelión de los conquistados musulmanes, debido a las numerosas alternativas en la posesión de territorios y fortalezas.

Orihuela, sí es de origen árabe, pero sólo en su recinto amurallado. Al igual que otros vistos anteriormente, en su interior no queda nada.

Castellón

En la provincia de Castellón, aparecen registrados unos 78, entre actuales, modernos y algunos restos que se atribuyen a que aparecen en escritos o documentos.   El castillo de La Alcudia de Veo, sí conserva restos de dos lienzos de muralla en tapial, aunque se encuentra parcialmente restaurado.

El castillo de Almenara, lo adjudican a lo árabe, pero se ve muy claramente, que las piedras con las que se construyó son de "corte" moderno y unido con cal muy pobre.

El de Almonecir, se encuentra restaurado, pero la base es de sillería, por lo que no parece de origen árabe, y la torre en semicírculo tampoco es muy árabe. Al contrario, denota que es de influencia franco-cristiana.

El de Ayódar, en el municipio del mismo nombre, parece una mezcla de mampostería y tapial. Y la torre del "Homenaje" si es que puede calificarse de esa manera, anula el posible origen árabe. Y menos en lo alto de una sierra perdida, en la ladera de una rambla. De tipo "montano" y lejos de una población. Que pocas características árabes tiene.

El castillo de Olcaf, conserva restos de las murallas concéntricas, pero necesita más estudio.

El de Pulpis, no lo parece. (Pulpí en Almería)

El de Mauz, en lo alto de una roca casi imposible por lo pequeña y escarpada, no es propio de los árabes. Hacia el año 1000, la paz en Hispania duraba unos 300 años en la mayoría de territorio musulmán y no eran grandes guerreros. Es decir, no necesitaban saber que a lo lejos podían venir los francos y reconquistadores, eran demasiado débiles para oponer resistencia.

Recordemos que Huesca capital fue rendida en el 1096, por los aliados del conde-rey de Aragón y sus colaboradores francos, italianos, occitanos, etc., porque no llegaron los refuerzos que esperaban de Zaragoza.   En 1118, cayó Zaragoza, y a partir de aquí, prácticamente no hay combates, las plazas musulmanas se van rindiendo sin oponer resistencia.   Y sobre todo, cuando en el 1229 se conquista Mallorca ciudad y en dos años se completa toda la isla.

La matanza de la capital fue de tanta barbarie, por parte de las tropas y aliados del Rey de Aragón, como genoveses, occitanos, aragoneses, borgoñones, etc., que después de esta fecha, las ciudades musulmanas de Hispania prefieren pactar, antes que oponer ninguna resistencia.

Siete años después en el 1238, Valencia se rinde.

Lo árabe en Valencia

Entre castillos, palacios, ruinas, etc., existen unos 103, y vamos a ver en un rápido análisis, lo que queda de esa herencia de unos 500 años de construcciones árabes.

El de Ademuz, o lo que queda de él, parece romano.

Alacuás es del siglo XVI.

La torre de Alfarp, parece de tapial, pero está muy restaurada y es difícil precisar su origen, Pendiente de investigación.

El de Beselga, nos recuerda al encofrado de los árabes, pero el lienzo de muralla parece de siglos posteriores.

Los restos del castillo o torre de Carrícola, pueden ser del periodo almohade, alrededor del 1200, por el tipo de encofrado, más perfeccionado en el tipo de cal y piedras más gruesas que en el característico tapial.

El recinto amurallado de Corbera, también parece almohade.

El de Corral Antón, si conserva restos de muralla de tipo tapial, pero necesita un estudio más profundo.

El de Dos Aguas, si conserva una torre construida en tapial, posiblemente de una época algo tardía, y afortunadamente se puede uno imaginar el ambiente musulmán hispano de esa época.

El de Jalance, se le atribuye a los árabes, pero se ve enseguida, que sus muros son de sillería cristiana franca.

El de Luchente, en el Valle de Albaida, si se encuentra bien conservado, y muy cuidado en sus fachadas y torres. Su encofrado parece del periodo almohade. El de Mariyen o Benifairó, está muy ruinoso, pero conserva trozos de encofrado que necesitan más estudio.

El de Millares, y su torre, nos trae los mejores recuerdos de lo árabe, y recuerda al fantástico de Baños de la Encina en Jaén.

Mogente conserva su torre árabe y algunos restos de sus muros por el monte. La torre de Montroy, también es de encofrado tipo árabe, ¿almohade también? Castillo de Segart, mantiene unos lienzos de tapial ¿tipo almohade? En Sot de Chera, se conserva una torre de encofrado de argamasa, muy bien conservado para ser de origen árabe en tapial. Pendiente de estudio. El de Sumacárcel, es del mismo encofrado que el anterior.

En Tabernes de Valdigna, se conservan dos torres de vigilancia, por el monte y muy desperdigadas, de claro origen árabe. ¿De qué, época?

La pregunta es, (Y seguramente no se encontrará respuesta) por tratar de situarlas en el tiempo. Quizás fueran de la llamada época almohade, alrededor del año 1200, en base a que fueran para vigilar esta zona fronteriza. Ya que antes de esos años, la paz que se disfrutaba desde Valencia hasta Granada, Málaga, Sevilla, etc., no hacía necesaria la vigilancia tan constante. (Es una teoría)

La torre de Torrente, sí es de origen árabe, aunque se encuentra tan restaurada que parece artificial. Pero es una joya.

En Vallada se conserva un castillo con muros de una argamasa encofrada, que seguramente es de la época almohade, (1200)

El castillo de Xio en Luchente, camino de Pinet, sí conserva restos del recinto amurallado en tapial auténtico. Y parece el ejemplo de todas las pequeñas poblaciones musulmanas en Hispania.

Es decir, un recinto amurallado en un lugar elevado para una fácil defensa en caso de ataques y con aljibes en su interior.

En realidad, no servían para mucho, si las tropas que lo atacaban eran de cierta entidad para la época. Unos 500 atacantes bien pertrechados bastaban para su rendición.

Su "buena" conservación, se debe a que se encuentra en un extremo del Valle de Albaida, y quedaba fuera de las localidades más importantes de este valle. Y a que los reconquistadores, también eran "Cuatro gatos" o pequeños grupos de guerreros mercenarios de origen franco.

Capítulo 12

Castillos árabes en Murcia

Se pueden analizar unos 42 castillos, torres y demás.

Castillo de Alhama: Tan sólo quedan unos metros de lienzo de muro y un trozo de torre cuadrada.

Inchola: un trozo de muro de tapial.

Castillo de Blanca: Restos de tres torres cuadradas.

En Cartagena: Ninguno.

Castillo de Cieza: Un trozo de muro y una parte de torre.

Castillo de Félix: carretera de Lorca a Águilas: Recinto amurallado, pequeño en longitud, y dentro dos aljibes.

Jumilla: ¿Un trozo de muro en tapial? Está muy restaurado. Pendiente de estudio.

Murcia, se han descubierto los cimientos o bases de la gran muralla y sus numerosas torres cuadradas que protegían la ciudad. Una gran parte de ellas muy cerca del rio Segura.

En el término municipal de Murcia, el Puerto de la Cadena, aparece el castillo de la Asomada, por desgracia inconcluso, aunque mantiene todo su perímetro y algunos muros interiores.

En la base del anterior, por la carretera actual hacia Cartagena, existen restos de muros en tapial, arrasados por la civilización moderna y sus carreteras.

Castillo de Xiquena: Desde Lorca a Vélez Blanco y María, recinto en tapial de alrededor de 300 metros, más un trozo de torre cuadrada. La torre redonda es cristiana. Castillo de Pliego: Conserva todavía una torre construida en tapial y su muralla perimetral en forma de triangulo, también.

Castillo llamado de Priego, en la pedanía de Otos, en los límites con la provincia de Albacete. Conserva los cimientos de una fortaleza con cinco torres.

Castillo de Tirieza, a unos 25 km de Lorca hacia la provincia de Almería y granada. Queda un trozo de tapial de un muro o torre.

Xiquena, muy cerca del anterior, conserva una gran parte de la muralla en tapial, del recinto. También parte de una torre cuadrada.

Parecido al de Luchente en valencia y tantos otros.

Castillo de la Luz, en las estribaciones de la sierra Cresta del Gallo.

Conserva todavía restos en tapial de la llamada "celloquia" que servía para cerrar un recinto amurallado.

La gran joya de la capital, es el castillo de Monteagudo, y muy cerca el Castillejo, palacio de los "reyes" de la Taifa de Mursiyya.

En este punto, hay que tener en cuenta, según el punto de vista de este autor, algunas premisas que son importantes para comprender el contexto histórico de este castillo y por extensión, al resto de cualquier fortificación habida en la Hispania de toda la vida.

A saber y analizar:

- Que antes de las invasiones musulmanas en el 711, habían llegado los visigodos y su sistema social que portaban desde sus orígenes en el norte de Europa, Dinamarca, norte de Alemania, la isla sueca de Gotland, etc., les mantuvo aislados de la población hispana, puesto que, en unos 250 años, no se mezclaron con las gentes de los pueblos conquistados.

Y casi no crearon ciudades o poblaciones, pues vivían en tribus, clanes, etc.   No tenían escritura propia, y lo poco que se sabe, procede de registros de la Iglesia de Roma por los asistentes a los distintos Concilios de Obispos. Y otras fuentes europeas que se escriben siglos después.

- Los invasores árabes, también tardan muchos años (¿50?) en empezar a registrar los nombres de las ciudades, castillos etc.,

Como ejemplo, es el registro de la rendición o Pacto de Tudmir, con el que, el Duque o gobernador de Tudmir (Reino visigodo de Murcia) negocia con los árabes, unas condiciones favorables para los pobladores de Murcia.   Este Pacto se copia, lo conocemos por escritos de unos cien años después. Y todavía no está claro.

Tampoco está claro, si Tudmir o Teodomiro en castellano, es el territorio o el nombre del gobernador visigodo.

- Igual sucede con las copias de la creación de Murcia por el encargo del emir de Córdoba, del que se deduce que Murcia se fundó en el año 825 o 835.

- Al igual que el latín, la escritura árabe medieval es sumamente dificultosa a la hora de traducir correctamente los pocos documentos que existen.

Todo esto es para tener claro que la mayoría de documentación árabe, o se ha perdido o, de cualquier manera, no se saben los nombres y topónimos de origen musulmán, del 90% de la Hispania medieval.

Monteagudo, proviene del franco Montagut, y con la Reconquista, los mercenarios francos al servicio del rey de Aragón, también al servicio de Navarra, del de Castilla, y del de León, al recibir las compensaciones económicas por su colaboración guerrera, recogida en los "Repartimentos" les solían poner nombres propios, o de topónimos de su tierra natal, en este caso de un pueblo de la provincia de Pirineos Atlánticos.

Como en el siglo X y siguientes no existían los apellidos, los registradores del rey de Aragón pusieron detrás del nombre del colaborador, clérigo, hermanos del rey, esposa, etc., que recibía su parte del botín, el lugar de origen del titular o si era hijo, la terminación -ez, que significaba: "hijo de".

Ejemplos: Pérez, hijo de Per (Nombre propio franco)

Álvarez, hijo de Alvar (Nombre propio franco"

Núñez, Hijo de Nunn (nombre propio franco)

Muñoz, Muñiz, Muñis, etc., hijo de Munn

Martínez, hijo de Martin.

Gonzalez, hijo de Gonzal

Etc., etc.

Como apellido constan unos 30800, y con sus variantes a lo largo de la Historia, Montegut, Montagou, Montaigut, etc.

Y como pueblos, aparecen en Navarra, en Cuenca como Monteagudo de las Salinas.

En Soria, como Monteagudo de las Vicarias, Monteagudo del Castillo en Teruel, etc.

Parece tener su origen en la zona francesa de Toulouse, Abutonde, Allupia, Périgueux, Montauban, Montpellier, etc.

Recordemos también que el famoso rey de Aragón, Jaime Primero, nació en Montpellier de Francia.

Como apellido existen unos 20000 en Francia, unos 2200 en España, etc. Por lo que su origen parece clarísimo en Francia.

Todo lo anterior, es para avalar que no hay fechas fehacientes para asignar la fecha de la gran construcción murciana del hoy conocido como castillo de Monteagudo.   Lo que es evidente es que este sí es de origen árabe, por sus muros de tapial, que como se puede observar es de una calidad increíble y se conserva en muy buen estado. Después de alrededor de 1000 años.

En el llamado Castillejo, muy cerca del anterior, existen dudas por su construcción en encofrado, pero con una argamasa que precisa de más estudio.

Muy cerca de los anteriores, aparece una edificación de tapial, totalmente árabe, pero cuyo uso es incierto. Se encuentra en buen estado.

Por lo que sumado a las 6 construcciones que hemos visto de origen árabe, avalan el gran protagonismo que debió tener Murcia en los siglos X al XIV.

Capítulo 13

Castillos de La Rioja

Tan sólo aparecen unos ocho fortificaciones o castillos para analizar.

Castillo de Aguas Mansas, cristiano franco total.

No existen rastros de construcciones árabes. La zona parece que no estuvo bajo influencia árabe.

Pendiente de ampliar.

Capítulo 14

Extremadura

Unos cien castillos o edificaciones se pueden analizar entre Cáceres y Badajoz.

Es ciertamente curioso, el que aquí en Extremadura, los distintos autores no asocian un origen árabe a todo, como en Aragón y otras regiones.

Aquí, todo es "medieval"

En la provincia de Cáceres no existen restos de ninguno castillo árabe, lo único que si parece y de origen quizás almohade (Hacia el 1200) es el aljibe gigante de la capital.

Se encuentra en los sótanos de la Casa de las Veletas, una construcción del siglo XVI y XVII.

Es algo raro el que no se haya quedado ningún castillete o restos de muros en tapial, en la provincia.

Parece que la capital de esta provincia era el centro de todo.

En concordancia con lo despoblado que sigue estando hoy la provincia, en general.

En Badajoz, unos 49 registros, de los cuales se incluyen siempre las ruinas totales y que se asignan por supuestos documentos donde se citan.

El castillo de Barcarrota, dicen que es:

"un castillo de tiempos de la Reconquista"

(500 años)

El castillo de Hornachos, está situado casi en el centro de la provincia y conserva una mezcla de muros en tapial típicos de los árabes, posiblemente almohade (Hacia el 1200) y refuerzos de piedra en sillería, como refuerzos de los cristianos para su aprovechamiento como fortaleza, por los continuos cambios de dueño.

El castillo de Magacela, conserva restos de tapial, pero necesita más estudio.

La alcazaba de Reina, en el municipio del mismo nombre y que casi toca la provincia de Sevilla, conserva un perímetro y torres de tapial tipo almohade, más fuerte y conseguido que las primeras fortificaciones.

Da la impresión de que cuanto más cerca se está de Sevilla o Córdoba, los restos de tapial aumentan.

Pero no es significativo, puesto que, con 49 restos documentados, parece poco. Quizás las tropas de los reinos leoneses y castellanos, ante la férrea resistencia de los almohades, construyen en los mismos lugares y colinas donde los musulmanes tenían sus castillos de tapial. Los nuevos castillos con tecnología normanda se hacen más fuertes y resisten mejor.

La reconquista sigue y tan sólo las luchas internas, entre cristianos ralentiza la conquista total y rápida de Al Andalus.

Capítulo 15

Andalucía. Jaén

El castillo de la capital, es en realidad un conjunto de tres fortificaciones: Alcázar Viejo, Alcázar nuevo y Abrehuí.

Del Viejo, tan sólo queda una torre árabe.

Los otros son ya cristianos.

80 son los castillos en la provincia.

Bujaraiza, conserva una torre de tapial árabe. Quizás sea de origen almohade, con las piedras de su encofrado más gruesas de lo normal.

Al estar situado en la localidad de Hornos, por la sierra de Segura, pequeña y aislada, ha podido ser motivo para que se conserve.

El castillo de **Burgalimar**, en la localidad de Baños de la Encina, es el ejemplo más espectacular y estético de la arquitectura árabe más humilde y efectiva.

Le sobra la típica torre del Homenaje cristiana de los francos, añadida hacia el 1466, una época convulsa y de guerra civil en Castilla.

Como se ha comentado antes, las fortificaciones árabes no edifican mucho en su interior, y parece limitarse a un aljibe, que es imprescindible para un posible asedio y poco más. Lo más lógico es pensar que contara con algún tipo de alojamiento, realizado con madera, para los soldados y sus caballos, a la vez que un almacén para el acopio de alimentos.

Es un milagro que permanezca casi intacto, salvo por que ha ido perdiendo la capa o revestimiento de yeso, que lo protegía de la lluvia y las inclemencias del tiempo. Quizás, también se quedó aislado al entrar las huestes de los castellanos por el desfiladero de Despeñaperros, que de forma "natural" se desplazarían hacia Jaén y Córdoba, por uno de los dos caminos o Calzadas de los romanos. Cogiendo el trazado al sur del río Guadalquivir y no darse cuenta de que existía la Vía del norte que pasaba por Andújar, posiblemente porque, estaba poco transitado.

Es tan sólo una hipótesis.

Otra de las muchas que pueden ser, es que se aprovechara el castillo de Baños de la Encina, para controlar esta zona del norte de Jaén y afianzar las fuerzas castellanas, pues la capital de Jaén aguantó varios asedios, desde el 1151, en el 1162, luego la campaña de 1225, etc.

Hasta el 1246, cuando se firma el Pacto de Rendición.

El castillo de Cabra del Santo Cristo, parece conservar restos de torres en tapial de origen árabe. Queda pendiente de ampliación.

El castillo de Cardete en el municipio de Benatae, allá por la Sierra de Segura, lindando con Albacete, sí conserva una torre de unos 14 metros de altura y un pequeño recinto amurallado, todo construido en tapial, por lo que es árabe sin dudar.

Las fechas de su construcción son más difíciles de determinar, pero podrían ser de factura almorávide. Es decir, entre el año 1000 y el 1100, aproximadamente.   El castillo del Ferral, en el municipio de Santa Elena, conserva unos restos de muros en tapial árabe.

El de Giribaile, conserva restos árabes de dos torres, construidas en tapial. En Jabalquinto, el llamado castillo de las Huelgas, todavía quedan los restos de dos torres en tapial.

En La Iruela, muy cerca de Cazorla, se mezclan en su castillo, las torres cristianas realizadas en sillería y los muros altos y dos torres árabes en tapial.

El castillo de Matabejid, ni por su nombre ni por lo que se puede leer por ahí, tiene nada de árabe. Los sillares de su construcción, dan el punto cristiano y franco, a la obra.

Alcalá la Real, conserva una torre parecida a la del Homenaje, por lo que es de origen cristiano. Aunque pueda quedar algo de tapial.

El castillo de Solera, o sus ruinas, precisan de un estudio completo. Pendiente   El castillo de Sorihuela de Guadalimar, lo publican como árabe, pero rezuma sillería típica de origen franco.

El castillo o torre de Tíscar, es claramente de origen cristiano, por su típica sillería.

La torre Bermeja, sí conserva un cuarto de su obra en tapial.

El análisis tan breve de esta lista, nos refleja el gran influjo y cantidad de restos de construcciones árabes en la provincia de Jaén.

Su joya, hay que volver a recordarlo, se encuentra en Baños de la Encina. Si pueden vayan a visitarlo, es im-presionante.

Capítulo 16

Almería

La gran desconocida, y con razón. Hasta hace unos 30 años, parecía el lejano desierto allende el Mediterráneo.

Y la mitad Este, mirando hacia Murcia y el levante, sigue siendo esa árida y desierta "Terra incógnita" que dirían en latín.

La comparativa histórica, puede aplicarse aquí, en Almería. Es decir, poca población, y hasta hace poco, una economía de subsistencia. Hoy en día, pero hacia el 1940, la emigración hacia Barcelona, Tarragona, Murcia, etc., era la tónica general y desgraciada.

Por eso parece coincidir los pocos castillos que todavía existen, con la ausencia de una buena calidad de vida, en los siglos anteriores.

Veamos los 15, que existen en esta provincia:

Alcazaba y murallas del cerro de San Cristóbal. Aunque se funda la ciudad hacia el 955, los distintos avatares, terremotos y dejadez, han dejado muy poco de lo árabe.   Aunque su recinto tiene unos 1450 metros de perímetro, apenas quedan los restos en tapial árabe de unas dos torres, algo deterioradas por el abandono.   Es lo que ha pasado en casi toda España y Portugal. Se ha destruido constantemente, en vez de conservar y restaurar con cierto común.

El castillo de Almería esta casi todo reconstruido.

El castillo de Bacares, casi en total ruina, conserva algunos metros de muro en tapial, árabe. Esperemos que no se haya derrumbado en estas fechas.

El "castillico" de Senés, está construido con lajas de esquisto. O sea que, de árabe, nada.

En Fiñana, se conservan tres torreones y unos lienzos de muro en tapial, del antiguo castillo o hisn. Necesita investigación.

El castillo de Tabernas, situado en plena ruta desde Murcia hacia Almería, conserva unos lienzos de muralla y dos torres cuadradas, en tapial. Aunque su estado de abandono es preocupante.

Y esto es todo, en la parte que comunica con Murcia, y por el camino que lleva a la granadina Guadix.

Quedando la virginal Alpujarra almeriense, huérfana de castillos o fortalezas de estilo árabe.

Capítulo 17

Granada

Se pueden analizar unos 32 castillos, torres, y otras ruinas.

La llamada hoy Alcazaba Cadima, mantiene un largo muro de un raro tapial, con torres en semicírculo, de uso extraordinario en el mundo árabe.

Nadie se ha atrevido a describirlo en detalle. ¿Por qué?

(Necesita un estudio más profundo)

La alcazaba de Guadix, sí es auténticamente construcción árabe en tapial. Aunque como todas, después de su conquista por los cristianos, se le añade la famosa Torre del Homenaje.

Algún autor, ha escrito en la Wikipedia, que se empezó a construir en el siglo X,

"Para defenderse de los invasores, principalmente cristianos"

El único comentario a este sinsentido, es que, en esa época, la dominación musulmana en Hispania era casi total. Por lo menos en las zonas más ricas y pobladas de los siglos VIII-IX-X.

El ataque cristiano en Guadix, era lo más remoto que podía pasarle a esta ciudad.

La torre del Homenaje en tapial, es casi imposible, hasta el siglo XV.

Entre otras cuestiones, porque los vasallos musulmanes no prestaban la ceremonia a sus jefes, ya iban incluidos en el aspecto espiritual y religioso. Aunque en la práctica, era más difícil de cumplir.

Alcazaba de las Siete Torres, en la localidad de Orce, mirando a la frontera con Murcia y las tropas castellanas.

Siete torres en forma cuadrada y murallas en tapial, típicas árabes, de casi seguro origen nazarí. Ya en el siglo XIII. O más tarde.

Aunque tiene varias obras posteriores a su inicio, se encuentra bien conservada.

La alcazaba de Loja, podría parecer igual a la anterior, pero sus circunstancias históricas han sido diferentes y todas las murallas son de obra cristiana, en sillería típica y rápida.

Alcázar Genil, en la capital granadina, árabe del año 1218.

Iznalloz, mantiene unos 50 metros de muralla en tapial.

El castillo de Moclín, conserva tan sólo una torre en tapial, reforzada con sillería y dos recintos de murallas, de clara obra cristiana.

El de Mondújar, se construye en mampostería, lo que evidencia una obra franco cristiana.

Las Torres Bermejas, se encuentran en la capital frente a la Alhambra. Se les supone del siglo IX, una fecha muy temprana, para construir algo tan caro y en época de tanta tranquilidad y paz. Pero es posible. Ampliar.   El castillo de Turrush, o de Cesna, son puras ruinas y época no documentada.

La Alhambra, en la capital, es una joya inmensa y cargada de obras de casi todas las épocas.

Casi, porque desde que el 12 junio de 1236 se rinde Córdoba a los cristianos, y pocos años antes también había sido asaltada por los almohades, que seguían conservándola como capital andalusí hacia el 1162.

Jaén se rinde en el 1246, y Sevilla en el 1248.

Las dos grandes ciudades de Al Andaluz, eran Córdoba y Sevilla, y al caer las dos, el protagonismo se concentra en la escondida y discreta Granada. Por eso prácticamente todas las construcciones de Granada se realizan desde el 1280 (Más o menos), y se suceden en los siglos XIV y XV, hasta su caída en 1492. Después también siguen construyendo.

En ese proceso, el tapial se hace más duro y perfeccionado, las argamasas también empiezan a utilizarse, el uso del ladrillo se adapta a las nuevas necesidades bélicas, la llamada torre del Homenaje de origen franco-alemán, también se construye en la Alhambra, aunque no para las ceremonias del vasallaje, etc.

En Granada se realizarán, las últimas obras con estilo típico de los árabes en Hispania.

(Para un mayor conocimiento, amplie el lector sus lecturas a nivel particular)

Capítulo 18

Málaga

38 castillos y ruinas pueden verse en la ciudad costera.

El castillo de Álora es una mezcla de construcción fenicia, romana, árabe, cristiana, etc., de difícil documentación. Pendiente de investigación.

En Antequera todo el castillo que se ve, es de origen cristiano. Los sillares los atestiguan.

Cañete la Real, es de sillares.

En Frigiliana, quedan restos de muro en tapial, pero son tan minúsculos.

El de Gibralfaro, necesita más estudio.

La alcazaba si conserva restos de construcciones con tapial, en algunos lienzos de muros, y alguna torre cuadrada. Pero está muy enmascarado por las muchas reparaciones que se le han realizado a lo largo de toda la Historia.

Cayó en manos cristianas en el 1487, por lo que las fortificaciones de ese periodo, debían ser fuertes y de calidad.

La torre de Cañete la Real es de ladrillo.

El de Turón, mantiene un gran paño de muro en tapial. Arabe.

El número de 38, y los pocos que quedan con restos árabes, nos dan una ligera idea, sobre el contexto histórico de la taifa de Málaga.

En resumen, la gran ciudad y centro es la capital Málaga.

Y de la montañosa provincia, tan sólo destacaba el nudo de comunicaciones que era y es todavía hoy Antequera.

Capítulo 19

Cádiz

En esta provincia pueden verse unos 5 castillos o parecidos.

Lo árabe, no se aprecia por ningún sitio.

Capítulo 20

Huelva

En Huelva se pueden estudiar unos 18 castillos, alcazabas, ruinas, etc.

En Almonaster la Real, se conserva la llamada Ermita de Almonaster. Un conjunto de mezclas de materiales romanos, visigodos, árabes, ladrillos, etc., que era una iglesia visigoda, sobre la que parece se construyó una mezquita, y luego una ermita cristiana.

Hay tal amalgama de materiales, que es difícil definirla.

En el de Aroche, existen tantas reparaciones y tan burdas, que es imposible situar su construcción. Pendiente.

El castillo de Gibraleón, realizado con sillares de piedra, y ladrillos, nos dicen claramente que no es árabe. O lo que pueda quedar, se encuentra oculto por tanta y mala reparación.

El castillo **de Moguer**, si mantiene cuatro torres en tapial típico de los árabes.

Los muros, aunque muy deteriorados, también se hacen en tapial el encofrado árabe por excelencia.

Necesitaría una restauración o mantenimiento para que pudiera lucirse como es debido.

De los 18, sólo el de Moguer es hispano árabe. La paz en esta región de la Hispania musulmana debió relajar las defensas de las gentes que vivían en esta zona. Y nos les hizo falta malgastar tiempo y dinero en castillos.

Capítulo 21

Sevilla

En esta provincia 17 fortificaciones, nos van a dar la ocasión para analizar las tensiones guerreras de la Reconquista.

El de las Aguzaderas, es claramente franco cristiano, y la documentación lo sitúa en el siglo XIV.

El de **Alcalá de Guadaira**, nos retrotrae la imaginación, a como pudo ser durante la época musulmana.

Se encuentra muy adaptado a la construcción franco cristiana, aunque se ha aprovechado la base de tapial en algunos muros, y alguna torre cuadrada también se ha mantenido a base de sillares en una esquina, que la ha mantenido entera hasta hoy.   El Torreón de **Estepa**, es una maravilla de transición, entre el tapial árabe y la obra de sillería típica de los cristianos. Las esquinas son de piedra bien trabada y se unen con las otras esquinas, por medio de encofrado parecido al tapial árabe, pero con tanta calidad, que se conservan hoy de manera excepcional.

Podría decirse que es de origen cristiano, pero que, en su construcción, no participaron los expertos canteros francos. Y se echó mano de los maestros albañiles árabes.

Los Molares, está muy restaurada, y parece que se hizo con ladrillos tapial y sillares.

Castillo de **Luna**, en Mairena del Alcor, conserva bastante de la obra en tapial de los árabes, aunque retocada en la torre del Homenaje y alguna puerta. La Puerta de Sevilla, en Carmona, conserva lienzos de muralla en tapial árabe y restos de una torre cuadrada, pero está muy restaurado en sillería con toda clase de piedras.

El castillo de Setefilla, en Lora del Río, también parece de obra de transición entre la argamasa moderna cristiana y una rapidez constructiva para la defensa. Pendiente de ampliar.

El castillo de Utrera, también parece de transición, entre el tapial adaptado a los cristianos, con las torres cuadradas, pero con un tipo de argamasa de más calidad y piedras más gruesas.

Pero su torre del Homenaje, delata su influencia cristiana. Quizás ya fuera construcción árabe, pero no es tan grande ni tan importante este castillo, como para realizar una obra tan costosa.

(Es tan sólo una propuesta, o hipótesis)

En la capital de la provincia, el Real Alcázar, construido hacia el 1090, conserva tan sólo algunos pequeños lienzos de muralla árabe. La mayoría del resto del castillo ya es de estilo cristiano, con multitud de ampliaciones y reformas.

La Torre del Oro se cree que es del 1221, pero su función como obra musulmana no tiene sentido. Pues los castellanos la reconquistan en el 1248.

Capítulo 22

Córdoba

25 castillos o fortalezas para analizar.

Del Alcázar Andalusí, en la capital, no queda nada, y de los baños árabes, que casi seguro son de origen romano, aprovechado muchos años después de la llegada de los árabes en el 711, habría que ver y analizar, entre otras cosas, la decoración posterior; también los arcos y las columnas que sustentan, el techo y bóvedas, y otros aspectos técnicos de su construcción, como su sistema de aire caliente, etc.

El castillo de Zambra, en Rute, conserva restos de la llamada Torre del Homenaje, por lo que ya no es árabe.

¿Por qué no se conserva nada de origen militar o defensivo, puramente árabe? ¿Por qué fue el centro de Al Andalus y los gobernantes no creyeron necesario fortificar esta provincia?

Todo son conjeturas, pero una hipótesis muy simple, puede ser por que ya era el centro más importante de la zona. Era zona bastante rica en los productos básicos de la época, como el trigo, la avena, la cebada, etc.

Y el aceite y los productos de huerta que regaban las abundantes aguas del río Guadalquivir. A la vez que controlaban los variados minerales y metales de las minas de Linares: plata, cobre, plomo, hierro, etc.

Desde el 711 hasta que empiezan a temer a los cristianos, hacia el 1100, han pasado unos 400 años de paz y prosperidad. Córdoba era un paraíso.

En la Mezquita de Córdoba, se aprovechan las numerosas columnas de mármol, unas 900, de edificaciones romanas.

Y mampostería, ladrillos, madera, yeso, etc.

Los materiales más "nobles" para esa época de escasez, se utilizan por que el edifico era para un fin muy espiritual.

El otro gran legado es el palacio ciudad de Medina Azahara, a las afueras de la capital cordobesa.

Aquí también se utilizan los mismos materiales, pero se sigue utilizando la anticuada mampostería, a base de cal, arenas, etc.

La piedra bien cortada y dura, de las que solían usar los francos cristianos, no la sabían trabajar tan bien como los reconquistadores.

Capítulo 23

Cantabria y Asturias

En Cantabria:

El castillo de Agüero es de estilo franco cristiano, del siglo XIII

El de Argüeso, es parecido al anterior, y de la misma época.

Y hay registrados otros 8, que han desaparecido.

En Asturias:

8, entre actuales y desaparecidos.

Ninguno tiene la menor traza de lo árabe.

Capítulo 24

Castillos de Portugal

En el país vecino, se pueden ver unos 40 castillos y fortalezas, más unos 12 en ruinas.

El de Barbacena, tiene forma de estrella, es de piedra y es típico de finales del siglo XVI.

El castillo de **Paderne**, sí está construido con la técnica del tapial. Árabe auténtico y además se encuentra relativamente bien conservado.

Se encuentra en Faro, región del Algarbe, en sur de Portugal y muy cerca de la provincia de Huelva. Perteneciente a Al Andalus, aunque sea algo relativo y discutible esta adjudicación.

El castillo de Silves, situado también en el Algarbe, lo catalogan como el "mejor de origen árabe, de época omeya, de los siglos, VIII-IX.

Pero está construido con piedras más grandes que las de sillería, y el tapial no se aprecia por ningún sitio. Se encuentra en muy buen estado de conservación, pero de árabe nada.

En total, son unos 52, para toda Portugal, que parecen poco en comparación con España, donde algunas provincias ya tienen más que todo el país luso.

¿Por qué tan pocos castillos en Portugal?

Es difícil demostrar las hipótesis, pero parece que al igual que hoy en día, su población no era especialmente numerosa, ya desde época del Imperio romano, donde sólo brilla Braga en el norte y porque tiene mucho contacto con Astorga, y por su relación de dependencia con la capital de Hispania, la actual Mérida.

Se desconoce cual era la riqueza de la antigua Braga, en tiempos de los romanos. Pero era el centro, que se comunicaba con Astorga, Lugo y el sur de Portugal llegando a la capital Mérida.

Lisboa no existía.

Lógicamente, poca población, poca gente y casi seguro, poca actividad económica.

En ruinas, se localizan unos 12:

Alter pedroso es del siglo XIII.

Cabeza magra, es una torre cilíndrica, franca.

Aljustrel, parece que conserva un trozo de muro en tapial, pero está muy restaurado y es difícil determinar su fundación.

Azinhalihno, es franco cristiano de 1248.

Cola es prehistórico.

Giraldo, también es prehistórico.

Messejana, conserva un lienzo de muralla en mampostería muy basta. Difícil de precisar su cronología.

Montalvao, es cristiano del siglo XIII.

Sintra es de sillería, o sea franco cristiano.

Soure, es franco cristiano.

Sólo el de Paderne conserva el tapial árabe.

Nota final.

Mis disculpas por la rapidez y los pocos y escuetos datos en la descripción de los pocos castillos o mejor sería decir, las ruinas de lo poco que queda de toda una sociedad simple y sencilla, dedicada a un comercio básico, una producción tranquila y sin grandes ambiciones.

También se puede hacer un estudio del territorio de la Hispania musulmana, y delimitar las líneas de construcción de las fortificaciones de tipo árabe, y profundizar en la mentalidad de los hispanos de los siglos IX al XV.

Animo al lector a que amplíe sus conocimientos sobre este tema.

Bibliografía

Wikipedia

Estudios personales in situ

Tesis doctorales de distintas Universidades.

Etc.

Índice